PANÉGYRIQUE

DE

SAINT EPVRE

PRONONCÉ A NANCY

LE 17 SEPTEMBRE 1876

PAR

M. l'abbé WITTMANN

CURÉ DE CHAMPROUGIER (DIOCÈSE DE SAINT-CLAUDE).

NANCY

IMPRIMERIE DE G. CRÉPIN-LEBLOND, GRANDE RUE (V.-V.), 14.

1876.

PANÉGYRIQUE

DE

SAINT EPVRE

PRONONCÉ A NANCY

LE 17 SEPTEMBRE 1876

PAR

M. l'abbé WITTMANN

CURÉ DE CHAMPROUGIER (DIOCÈSE DE SAINT-CLAUDE).

NANCY

IMPRIMERIE DE G. CRÉPIN-LEBLOND, GRANDE RUE (V.-V.), 14.

1876.

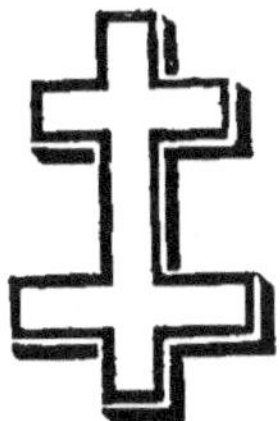

Ego elegi vos.., ut eatis et fructum afferatis, et fructus vester maneat. Joh. XV, 16.

Je vous ai choisis pour vous envoyer, afin que vous portiez du fruit, et que ce fruit demeure.

Je ne sais, mes bien chers frères, s'il est dans l'Evangile une parole plus douce et plus aimable que celle-ci. C'est Jésus qui rappelle à ses Apôtres, qu'Il les a choisis, qu'Il a sur eux un secret dessein, auquel Il les prépare, et que ce dessein, c'est de les envoyer comme Il a été lui-même envoyé par son Père, à travers le monde, pour être les continuateurs de sa mission, et y répandre la semence féconde de la vérité et de la vertu, afin qu'elle y croisse et y porte d'incorruptibles fruits. *Ego elegi vos.., ut eatis et fructum afferatis, et fructus vester maneat.*

C'est aussi, il me semble, *Jésus* qui s'adresse avec une compassion toute divine au monde, et qui le contemplant comme enseveli sous les ronces et les épines matérielles et morales qu'a fait surgir la faute originelle, le veut consoler, en lui désignant les Apôtres. Recevez-les, dit-il, je les ai choisis moi-même, ils sont les élus de mon cœur; recevez-les, ils vous apportent la féconde semence de la vie; recevez-les, par leurs travaux, ils feront disparaître votre stérilité; sous leurs pas, vos contrées se couvriront de villes et de moissons, en même temps que vos âmes plus incultes que vos déserte se convertiront à la vérité et à la vertu.

Eh ! pourquoi ne le dirais-je pas, aujourd'hui, je crois que dans le séjour des Saints, Jésus se tourne vers vos Evêques, vers Epvre, surtout, et que leur montrant toutes ces régions et cette ville, il leur dit : Voilà votre œuvre, considérez-la, choisis et envoyés par moi, vous m'avez été fidèles, vous avez bien travaillé, mais moi aussi j'ai rempli ma promesse. Votre œuvre vit toujours, elle ne périra pas. *Ego elegi vos.., ut eatis et fractum afferatis, et fructus vester maneat.*

Oui, mes chers frères, quand je me porte de treize ou quatorze siècles en arrière, je suis véritablement obligé de répéter ces mots fameux : Quel Etat, et quel Etat ! Hier des halliers impénétrables, des huttes sauvages, aujourd'hui, ces plaines si riches dont la culture est si renommée, ces bourgs, et ces cités illustres ; hier, des cœurs plus impénétrables que les plus épais taillis, des âmes plus incultes que les forêts les plus abandonnées, et aujourd'hui, la douceur des mœurs, l'amour et le zèle de la vérité, le christianisme s'épanouissant et fleurissant dans cette ville, une des Reines de la France. Oui ! quand je considère ce changement, je ne puis y voir que la réalisation de la promesse de Jésus à ses Apôtres. *Ego Elegi vos,* etc.

Et puisqu'incontestablement cette œuvre est celle de vos Saints, et en particulier celle de saint Epvre, il est juste que chaque année on vienne vous raconter la vie et la mission de votre Apôtre. Depuis plusieurs années déjà, le nom d'Epvre avait retenti dans notre lointaine Province, et les récits que l'on faisait de sa merveilleuse Basilique l'avait fait connaitre, mais qui eût pu croire que la réalité dépassait d'autant les récits, et qu'ici le cœur, le culte et le dévouement de tous avaient fait surgir pour abriter ses reliques une de ces cathédrales, que l'on regardait jusqu'ici comme l'apanage des vieux âges de la Foi. C'est donc avec une grande admiration, que j'entreprends le récit de sa vie, heureux si dans ma faible parole, vous pouvez retrouver un écho des sentiments dont vos cœurs sont pleins.

O Epvre ! les historiens de votre vie nous racontent que vous reçûtes toujours avec un visage ami, et une tendre charité l'indigent et l'étranger. Recevez mon discours, si indigne de vous avec la même bienveillance, je ne suis qu'un étranger, mais cet étranger vient d'une province voisine et amie, cet étranger est un Français, cet étranger est le fils de Saint-Claude et de Saint-Oyant, ce sont eux qui vous saluent par ma bouche, ils ont, dans notre Séquanie opéré les prodiges dont je viens d'être l'heureux témoin dans votre Lorraine. Recevez-moi donc, et par votre intercession obtenez que mon discours vous fasse admirer, aimer et imiter de tous ceux qui m'écoutent.

Les paroles de mon texte, m'indiquent, M. C. F. les phases principales de votre glorieux Saint, *Ego elegi vos*, c'est le choix divin, l'élection d'Epvre par Jésus, *ut eatis et fructum afferatis,* c'est son apostolat, ce sont ses travaux ; *Et fructus vester maneat,* c'est la récompense et la gloire méritée par s sainte vie. Ce sera la division de mon discours.

I

Ego elegi vos. Je vous ai choisis. La première condition de l'épiscopat, c'est, dit saint Paul, qu'on y ait été appelé de Dieu, *nec quisquam sumit sibi honorem, sed qui vocatur à Deo,* mais ce choix, cette élection a ses marques que le saint apôtre a pris soin de nous indiquer. Il les ramène à trois dont il nous donne le détail, la première marque, dit-il, c'est que le futur Pontife soit séparé des pécheurs. *Segregatus a peccatoribus ;* la deuxième, c'est que lui-même soit d'une vie irréprochable et sans tache, *oportet ergo episcopum sine crimine esse, irreprehensibilem ;* enfin la troisième, c'est que sa réputation soit égale à sa sainte vie, et ses bons exemples admirés de tous, *oportet autem et illum testimonium habere bonum.* Or, mes chers frères, bien que nous n'ayons que peu de détails sur saint Epvre, nous pouvons assurer, d'après les témoignages de ces temps reculés, que ces trois marques se trouvèrent en lui avec un éclat et une certitude incomparables, et qu'ainsi il est compris parmi les apôtres, auxquels Jésus a dit cette suave parole : C'est moi qui vous ai choisis, *Ego elegi vos*.

Et d'abord, Dieu le sépara des pécheurs dès le berceau. C'était alors une grâce bien rare pour un enfant que de naitre de parents chrétiens, les Francs n'étaient pas tous encore convertis au Christianisme, leurs faux Dieux étaient encore debout et il était réservé à Epvre de mettre sa vie au service de sa nation pour lui donner le beau titre de fille ainé de l'Eglise. Dieu donc voulut qu'il reçût la foi en même temps que la vie et il lui prépara un père et une mère chrétiens pour veiller sur son berceau. L'histoire se tait sur leurs noms, mais la sainteté de leur fils suffit à leur gloire, car le père est honoré par la sagesse de son enfant, dit l'Esprit-Saint. Du reste, ils eurent encore une fille, Aprône, qui mérita, comme son frère, les honneurs des saints autels. — Qu'il était beau à contempler le spectacle de ces pieux parents veillant avec un soin délicat sur ces deux plantes frêles et délicates, protégeant d'un côté leur fille contre les séductions du monde, afin qu'elle puisse resplendir comme un lys parmi les épines, et d'autre part apprenant à leur fils ces fortes et solides vertus qui le firent plus tard ressembler à ces arbres vigoureux qui peuvent résister à toutes les tempêtes et à tous les chocs. Exemple touchant pour vous, pères et mères, et qui vous apprend ce que peuvent vos soins, votre vigilance et vos exemples, sur l'âme des enfants que la Providence vous a confiés. Ce fut donc de ses parents qu'*Epvre* apprit la *vertu*, et il nous faut voir maintenant comment sa vie fut tout entière irréprochable.

La Perfection, dit l'Ecriture, c'est la charité, toute vertu a en elle sa racine, *Perfectio legis dilectio*, or la charité est triple, dans son objet, le prochain, soi-même et Dieu, aimer ses frères comme soi-même, et Dieu par-dessus tout, voilà la sainteté, voilà aussi la maxime qui éclaire toute la vie d'Epvre, et à laquelle il faut ramener tout ce que l'histoire nous en dit. Et premièrement il aimait ses frères, et le bréviaire de votre Eglise remarque que la pitié et la miséricorde crurent avec lui, suivant le mot de l'Ecriture. Son cœur ne pouvait pas rester insensible à la vue des pauvres, pour les soulager, il eur distribuait l'argent que ses parents lui abandonnaient, souvent n'ayant plus rien il ne craignait pas, lui, fils des ces seigneurs francs, dont son nom rappelle la fierté farouche, d'aller tendre la main auprès de ses amis pour pouvoir davantage soulager les malheureux, plus d'une fois même ses ressources étant épuisées, il ne recula pas devant la charité héroïque de Martin, ayant donné tout son or, il distribuait ses habits et on le vit avec admiration rentrer à la demeure paternelle, n'ayant pour tout vêtement que l'éclat surnaturel de l'héroïque charité qui l'avait dépouillé. Enfin, ses parents étant morts, et lui ayant laissé leur héritage, Epvre se souvint de l'exemple du Seigneur Jésus, qui, dit saint Paul, *se fit pauvre, alors qu'il était riche*, et il vendit ses biens immenses, pour en distribuer le prix aux pauvres, préférant l'opprobre des membres souffrants de Jésus-Christ, aux honneurs que la richesse d'iniquité pouvait lui procurer. Il était donc appauvri, mais au lieu de la pompe de ses richesses, Dieu fit briller en lui l'éclat du dévouement et du sacrifice, c'était un solide fondement à l'apostolat qu'il allait exercer. — Toutefois, si Epvre aimait ses frères, il aimait aussi son âme sachant bien qu'il ne pourrait rien donner en échange pour elle, et dès lors, il montrait pour la culture des vertus un zèle vraiment héroïque. S'instruire et s'exercer dans les vertus les plus difficiles ne lui paraissait rien, partout où il apprenait qu'il y en eût des maitres, il les allait trouver, et ne les quittait, que devenu leur émule, ou plutôt, il ne s'éloignait pas d'eux qu'il ne les eût surpassés. — Mais, avant tout, c'était *Dieu* qu'il aimait d'un *amour* profond, passer les nuits aux pieds des saints autels, dans de continuelles et brûlantes prières, c'était ce à quoi il mettait ses plus pures délices, et vraiment il ne s'aimait, et n'aimait le prochain que pour Dieu. Il pouvait dès lors avec le Psalmiste s'écrier que Dieu était le Dieu de son cœur, et son éternel héritage, et comme l'amour de Dieu, au dire de l'Ecclésiastique est la seule véritable sagesse, il arriva que jeune encore il fut sage, puisque suivant l'Esprit-Saint, c'est une sagesse pleine de maturité *senectus diuturna vita immaculata*, aussi mérite-t-il qu'on lui applique cet éloge de saint Grégoire, parlant de Benoit, que dans sa jeune poitrine battait un cœur de vieillard. *Cor gerens senile*. Ainsi Epvre, grandissait dans la piété et abordait les hautes cimes de la sainteté. Aussi, ses bons exemples commencèrent-ils de resplendir et de lui acquérir cette bonne renommée, que Jésus-Christ nous ordonne de répandre autour de nous comme une lumière ses rayons, et que saint Paul appelle *la bonne odeur du Christ*. Bientôt son nom fut illustre dans l'Eglise de Troyes, puis il s'étendit plus au loin et arriva jusqu'à Toul. C'était au moment où saint Ursus venait de mourir et de laisser cette Eglise dans le veuvage, il fallait un saint pour la consoler et par suite d'un providentiel accord, toutes les voix du peuple et du clergé s'unirent pour demander celui dont l'Eglise de Troyes était si fière. Leurs ambassadeurs viennent donc le trouver, et de la part de tous lui dire, comme autrefois les Israëlites à Jephté : Venez, soyez notre prince, et combattez avec nous contre nos ennemis : *Veni, et esto princeps noster et pugna contra filios Ammon*. Jud. XI. 6. Epvre est surpris, étonné, en vain il veut décliner un tel fardeau, les instances sont trop pressantes, il reconnait la voix de Dieu dans cet appel de tout un peuple, et puis Dieu fait entendre au fond de son cœur, cette grande voix du sacrifice. *Egredere*, sors, *de cognatione tua*, de ta parenté, *de terrâ tuâ*, de ton pays, et le dévouement obtient ce que l'humilité faisait refuser. Il part, il vient dans ce pays que la voix de Dieu lui désigne, et c'est en lui que ces peuples seront bénis. *In te benedicentur omnes gentes*. Toutefois une consolation lui reste, Aprone le suit, sous sa direction elle deviendra le modèle des Vierges de Toul, la conseillère des épouses de Jésus-Christ. C'est elle qui formera à la piété toutes les femmes de la contrée, et c'est d'Aprône formée par Epvre, que la femme en Lorraine tient et cette retenue, et cette modestie féminine, qui font sa gloire ici-bas, et cette religion, cette piété, qui ont donné naissance à tant d'instituts de dévouement et de charité pour les filles. Ainsi auprès de votre Saint, comme auprès de tant d'autres, Dieu fait surgir une de ces Vierges bénies, devant lesquelles l'impie lui-même s'incline et reconnait quelque chose de divin.

Heureux Toul, ouvre-leur donc tes portes, accueille ton nouveau pontife avec des transports d'allégresse, c'est Dieu qui l'a choisi et préparé dans l'ombre. Peuple, cueillez-lui des palmes, tressez-lui des couronnes, car il est déjà le héros de bien des combats, et voici qu'au milieu de vous, il va voler à de nouvelles victoires.

Mais il faut auparavant qu'il reçoive la Consécration Episcopale, que l'huile sainte vienne l'oindre pour de nouvelles luttes ; que son doigt reçoive le virginal anneau de son alliance avec l'Eglise, que sa main reçoive le sceptre, emblème de force et de douceur, que l'Évangile repose sur ses épaules, que son front soit ceint de la mitre des Pontifes, qu'à ses pieds on lui chausse les sandales mystiques des courses apostoliques. Anges de l'Eglise de Toul, ouvrez les portes du Sanctuaire, escortez, invisibles, l'Elu du Seigneur, abritez-le sous vos ailes, et vous, Mansuy, Auspice, Ursus, bénissez-le, et soyez ses témoins dans les Cieux, et vous, descendez, Esprit-Saint, venez, fortifiez, consacrez ce nouvel Evêque pour l'œuvre qui lui reste et que nous allons admirer.

II

Ut eatis, et fructum afferatis. Je veux que vous alliez, que vous travailliez, et que vos travaux soient féconds. La mission de l'Evêque, mes bien chers Frères, est toute de fatigues et de peine, mais surtout c'est du temps de Mansuy et d'Epvre que cela est véritable, quel admirable spectacle que celui des Pontifes du Christ, civilisant les peuplades à moitié barbares, qui étaient nos ancêtres et d'où devait sortir la France chrétienne : ce spectacle, c'est celui que donnent aujourd'hui dans les parties reculées du monde, ces Evêques que la France envoie chaque année au milieu des peuples sauvages, et dont les récits nous paraissent si émouvants. Tel fut, au milieu de nos farouches ancêtres, le rôle que remplit votre Saint Patron. Oui ! Notre divin Sauveur envoie des Evêques au monde pour travailler, mais c'est sur les âmes, mais c'est pour prêcher la vérité, combattre et vaincre l'Erreur. *Ite*, allez, leur dit-il, *Docete,* enseignez, c'est là de votre ministère la tâche la plus importante, je vous envoie pour le ministère de la Parole, ainsi que disait Saint Pierre quand il établissait les diacres, comme Paul l'écrivait à ses disciples les Evêques Tite et Timothée. *Predica verbum, insta opportunè, importunè, argue, observa, increpa.* Prêchez la vérité, insistez à temps et à contre-temps, pressez de raisons, de prières, de reproches. Ce fut tout d'abord ce que comprit saint Epvre, et ce que son biographe nous apprend, que continuellement, à chaque jour, à chaque instant, Epvre prêchait sans discontinuer la parole évangélique. *Verbi vero doctrinam, quotidiè, imò omni horâ cunctis annuntians nullum tempus à prædicatione vacuum esse sinebat.* Heureux évêques dont la parole était écoutée, vénérée, les peuples venaient en foule à celui qui avait reçu cette belle et sainte mission de les instruire de la vérité. Que ces temps sont loin de nous, plus que jamais de nos jours on cherche à faire taire l'enseignement public de l'épiscopat et du sacerdoce, et l'enseignement particulier du Saint-Tribunal lui-même n'est plus accepté et est entouré des rires et des sarcasmes des mondains. Ah! pourquoi faut-il que les peuples aillent s'adresser à des lèvres menteuses et perverses, à des hommes sans mission. Reviens donc, ô France, à l'enseignement de tes Evêques, seul il peut te rendre la grandeur où tu fus élevée par eux. Mais, mes chers Frères, Notre-Seigneur n'a pas seulement dit aux Apôtres qu'ils devaient prêcher, Il leur a encore indiqué à qui ils devaient parler et comment ils le devaient faire. Enseignez, leur dit-il, les nations, c'est-à-dire non pas seulement les individus, mais les foules, non pas seulement les foules, mais les chefs et les grands. Souvenez-vous que j'ai été envoyé aux petits et aux pauvres, et soyez avec eux doux comme des agneaux, simples comme des colombes. Je le sais, les foules où je vous envoie seront quelquefois composées de loups, mais je veux que votre douceur change leur férocité et que votre patience arrive à bout de leur fierté farouche. Pour les riches et les puissants, prêchez-leur avec cette même douceur ; mais s'ils vous résistent, s'ils se conduisent avec vous comme des renards, alors, que ni les rois ni les princes ne nous fassent trembler quand même ils pourraient tuer votre corps, je vous soutiendrai, je serai votre appui. L'histoire, mes chers Frères, nous a gardé deux mémorables traits de la vie de saint Epvre, qui prouvent combien profondément il avait entendu résonner ces enseignements du Seigneur au fond de son âme épiscopale. Jamais Pontife ne fut plus doux aux petits, gracieux et aimable pour les enfants, consolateur des affligés. Comme saint Paul, il savait pleurer avec ceux qui pleurent, se faire petit avec les petits et souffrir avec ceux qui étaient dans la peine. Toutefois son historien ne s'est pas contenté de nous dire les grandes lignes de sa vie et il nous a raconté un miracle qui nous montre qu'en présence des douleurs de ses fidèles, Epvre savait forcer la puissance de Dieu à les secourir. Un jour, dans une de ses courses, on lui amène un pauvre jeune homme possédé du démon. En présence du Pontife, l'esprit de ténèbres s'agite et fait vomir à sa victime des flots de feu, l'épouvante s'empare de l'assistance, mais intrépide, le Saint va au-devant du misérable possédé ; ému de compassion, il l'arrête, il ordonne au démon de quitter sa proie et faisant sur la bouche de l'infortuné le signe du salut, il le délivre et met en fuite le prince des ténèbres. Image fidèle du courage avec lequel il affronta ces populations pleines de sève sans doute, mais où les idoles entretenaient encore les feux de la volupté et de la vengeance, avec sa douceur, sa mansuéude, il implante peu à peu le christianisme dans ces cœurs farouches et la foi dans leurs mœurs, il les change, il les convertit, mais en même temps il les civilise, l'agneau a triomphé des loups, la colombe des vautours.— C'est ainsi qu'il se conduisait vis-à-vis du peuple. Mais il n'était pas moins apostolique vis-à-vis des grands de la terre et des magistrats. Nous ne savons rien des riches et des puissants qu'il convertit par ses exemples de détachement et par sa prédication savante et entrainante, mais les annalistes de son temps ont conservé la mémoire d'un trait qui nous démontre avec quelle énergie il savait s'opposer à ceux qui voulaient résister à l'autorité de Jésus-Christ.

Etant allé à Châlon-sur-Saône, Epvre y trouva parmi les prisonniers trois pauvres pécheurs dont les larmes et le repentir sincère touchèrent sa pitié. Il alla donc trouver le juge de la ville, et lui demanda la grâce des trois prisonniers, le juge refuse, Epvre le presse, et met en avant le nom et l'amour de Jésus-Christ ; pour toute réponse, le dur magistrat promet un redoublement de peine. C'en est trop, Epvre se prosterne et plaide devant Dieu la cause des repentants, il est exaucé, tout d'un coup les portes s'ébranlent, les chaines des prisonniers se brisent et les laissent libres. Le peuple bénit Dieu et son Evêque, mais le châtiment inexorable vient frapper celui qui n'a pas voulu faire miséricorde, le démon s'empare du juge, le tourmente d'une effroyable manière, et il rend son âme dure et sans compassion au redoutable juge qui ne pardonne pas à celui qui refuse de pardonner. Ainsi peuples et grands étaient contraints de se rendre à la prédication d'Epvre, ainsi au bout de peu d'années, le démon fut entièrement vaincu, les idoles renversées jusqu'à la dernière, et la croix, si profondément enracinée dans le sol et dans le cœur des habitants, que rien jusqu'ici n'a pu l'ébranler. Aussi Epvre songea-t-il a créer un centre visible de l'union qui existait dans tous les cœurs, en élevant une basilique pour y dresser sa chaire et y réunir le troupeau conquis au prix de tant de fatigues et de larmes. Déjà les premières assises de ce temple s'élevaient, mais Dieu jugea que c'en était assez, et que ce jeune athlète avait assez remporté de trophées et gagné de victoires. La mort s'approche par une maladie inattendue, à ce coup, Epvre a senti que son heure a sonné, il jette un dernier regard sur son peuple et sa basilique, et après avoir par ce regard suprême, qui était avant tout une prière, vous pouvez juger si elle était vive et ardente, — demandé et obtenu pour toutes ces contrées des bénédictions, et des grâces de persévérance et de salut, il rendit le dernier soupir.

Alors une colombe blanche comme la neige, s'échappe de ses lèvres, emblême de son âme si pure, et qui s'était si souvent élancée avec les ailes de la prière jusqu'au ciel. A cette nouvelle, le peuple s'émeut, les pauvres le pleurent, et les riches mêlent leurs larmes et leurs regrets à ceux de tous. Tous les cœurs sont unanimes, pour décider que la Basilique commencée lui servira de tombeau, et la terre n'a pas encore recouvert ses précieux restes, que déjà il est regardé, vénéré, honoré comme un Saint. Toute l'Eglise de Toul, avec ses clercs et ses fidèles assistent à ses funérailles, et pendant qu'au milieu des sanglots on le descend dans son tombeau, une prière unanime s'élève lui demandant de ne pas abandonner ses enfants, de leur continuer sa protection et de ne pas souffrir que la lumière de la vérité s'éteigne, et comme pour montrer que ce vœu de tout un peuple était exaucé, un nouveau prodige commence. Deux colonnes de feu apparaissent, emblèmes, à la fois, du flambeau de la vérité qu'Epvre avait allumé dans l'Eglise de Toul, et de la protection qu'il promettait visiblement d'accorder à son Église. O Epvre! ô pasteur, ô père, vous avez du haut des cieux assisté à toutes ces démonstrations filiales de vos fidèles, vous leur promettiez votre secours, aujourd'hui nous pouvons montrer comment depuis quatorze siècles vous avez tenu cette promesse, ou plutôt comment Dieu a voulu pour vous, démontrer la vérité de cette parole, *ut fructus vester maneat*, je vous ai choisis pour que vos travaux soient immortels, c'est, mes chers Frères, ce qui me reste à vous démontrer dans ma troisième partie.

III

Ut fructus vester maneat. Je vous ai envoyés pour travailler, mais je vous le promets, vos œuvres ne périront pas. Ce qui encourage surtout l'ouvrier, mes chers Frères, c'est l'espérance et l'espoir de la stabilité de son œuvre, il meurt content quand il sait qu'elle vivra après lui, et que ses sueurs n'auront pas été sans résultat. C'est ce qui fait que l'Apôtre, après avoir semé dans les larmes, récolte avec joie, parce qu'il espère que les fruits de son ministère auront une éternelle durée. C'est qu'il a pour lui d'immortelles promesses et d'impérissables prophéties. En effet, le ministère apostolique est lié à l'Eglise, à laquelle Jésus a dit : Tu ne tomberas pas, et pour les âmes qu'il sanctifie et qu'il envoie dans l'éternelle Patrie, l'apostolat participe certainement à ces promesses divines. Mais il me semble que l'œuvre d'Epvre a pour elle une autre garantie que l'immortalité de l'Eglise, celle de la France. En effet, quoique l'on ne puisse donner une promesse formelle de Dieu, qui justifie cette patriotique espérance, il nous semble cependant que le rôle de notre patrie dans l'histoire, lui donne comme des arrhes de cette vie éternelle. Ah ! sans doute la France est éprouvée, elle trouve des temps bien durs et pleins d'anxiétés, mais elle n'en est pas moins la fille aimée de l'Eglise, et à sa mère dans sa marche à travers les temps il faut bien un bras pour s'appuyer, un bras pour la défendre, un cœur pour la consoler, et ce bras et ce cœur, c'est celui de la France. Et ce qui me le fait croire davantage, c'est que maintenant plus que jamais vos vieux Saints, qui l'ont ormée comme les abeilles une ruche, semblent tressaillir et remuer dans leurs tombeaux, et cela est certainement bien visible, bien palpable pour Saint-Epvre. Qui donc aurait cru que quatorze siècles après sa mort, il devait commencer une vie nouvelle dont les débuts sont si glorieux, qui eût cru que la France pouvait compter sur son Pontife, mort depuis déjà tant de siècles. Ah ! c'est qu'Epvre n'est pas mort, Dieu le réservait pour devenir un jour un de nos plus fermes appuis. En vain toutes les institutions politiques changent autour de son tombeau, en vain les dynasties se succèdent, les guerres accumulent leurs ravages, les révolutions détruisent tout autour de lui. Dieu veille sur ses cendres, et il semble qu'il ait mis en elles comme dans le grain de sable de l'Océan cette vertu qui force la tempête à s'apaiser, les flots épouvantés à reculer. La Révolution française, qui a détruit tant de corps saints, ne pourra rien sur celui-ci, car Dieu le réserve pour nous. Alors, en effet, comme si la mission de Toul était achevée, le corps d'Epvre vous est confié, ses reliques vous sont données, c'est que Dieu veut que chez vous elles soient protégées contre les fureurs de la tempête. Il est vrai que Nancy méritait cet honneur, c'était à Nancy que s'élevait une des plus vieilles basiliques dédiées à Epvre, c'était à Nancy que les ducs de Lorraine étaient venus mettre à l'ombre de son vieux clocher leur antique gloire, et leur courage chevaleresque. — C'était à Nancy que le peuple, voyant que ses rois, par suite du malheur des temps ne pouvaient pas l'aider dans la reconstruction de l'église St-Epvre, avait établi cette souscription universelle d'où devait sortir cette vieille basilique que vous ne pourriez vous consoler d'avoir perdue, si elle ne s'était relevée, comme le phénix, plus brillante de ses ruines.

Mais s'il gardait ses cendres, saint Epvre conservait encore mieux son esprit et la foi que vous lui devez. C'est lui qui faisait surgir au sein de la Lorraine toutes ces réformes des vieux ordres que l'Eglise entière vous enviait et qui produisaient des savants comme Don Calmet, ou des saints comme le bienheureux Pierre Fourier. C'est lui qui faisait surgir en Lorraine, ces confréries, ces associations pieuses qui ont conservé si vivaces et si profondes les mœurs religieuses au milieu de vous. Or, sous ce rapport c'est encore à Nancy que ces associations et confréries sont les plus florissantes, et c'est à l'ombre du vieux saint Epvre, qu'elles conservent plus longtemps leur vigoureuse vitalité, c'est à Nancy, enfin, que surgissent ces congrégations enseignantes de femmes qui font à votre gloire une auréole si chrétienne. Ah! dites-moi, n'avais-je pas raison de dire que la mission de Nancy allait commencer.

Après avoir entouré d'une gloire enviée par beaucoup de princes vos derniers ducs de Lorraine, et le dernier roi de la Pologne, voilà que de Nancy sort le seul général Chrétien de la grande armée, celui que ses camarades appelaient le Saint de Nancy. Après que Drouot s'est couché dans sa tombe, voici que saint Epvre commence à tressaillir de nouveau. Bientôt Nancy, la ville des lettres, est devenu la ville de la Foi et des lumières, son nom est prononcé par toute la France, qui salue avec transport cette ville de science, et de religion. Alors, le nom d'Epvre se trouve dans toutes les bouches, son culte parait ne plus avoir assez d'éclat, et tous travaillent à le relever. Alors Epvre se suscite un homme selon son cœur, il part, il traverse la France, l'Europe toute entière, il sème *le feu* en semant le nom d'Epvre, et voici que votre saint Pontife voit jeter les fondements de cette Basilique que vous envient toutes les villes, et que l'Europe entière voit dresser au-dessus de sa tête. En même temps, il prépare auprès de son tombeau des Pontifes, que les autres Eglises vous envient; l'un s'en ira à Paris, montrer quel courage et quel héroïsme inspire Epvre à ceux que son tombeau a protégés. Il ira et la pourpre de son martyre jettera jusque sur le siége occupé jadis par Epvre, un éclat glorieux. Un autre s'en ira porter jusqu'en Afrique le nom, les vertus, le courage et la charité, et apprendre qu'un successeur d'Epvre, son émule, mérite de devenir le successeur d'Augustin.

Ah! n'avais-je pas raison de dire, que la mission de Nancy commence et qu'elle sera glorieuse, la voici telle que mon cœur la souhaite et que mon esprit la conçoit.

Au moment où se trouve la France, en présence des pertes douloureuses du passé, et des craintes de l'avenir, encore que je sois plein de confiance dans les armes de nos soldats, et que je croie imprenables toutes nos nouvelles citadelles, cependant je ne puis oublier que la victoire vient de Dieu. Or, en présence de l'étranger qui nous guettait hier, et peut-être nous guettera demain, Dieu a voulu que se levassent la forteresse et les forts de la prière, les forts ce sont ces communautés si nombreures dans votre ville. Cette forteresse, ah ! c'est cette Basilique lumineuse comme l'espérance, radieuse comme la confiance, transparente comme la prière. Là, les vœux du cœur, les soupirs de l'âme, appellent la miséricorde et le pardon, et vont demander à Dieu qu'il étende sa main pour écarter les coups, et retenir la colère que nos crimes ont irrité. Oui ! oui ! ô Basilique, si belle dans ta jeunesse, tu protéges et recouvres les ossements bénis de celui que toutes les révolutions, toutes les invasions ont respecté ; de celui qui commande invisible aux légions d'anges gardiens de la Lorraine. C'est pour cela que tu m'apparais comme le premier et le plus cher rempart de la Patrie ! Mais ne l'oublions pas, pour qu'Epvre nous protége, pour que Dieu nous sauve, nous devons avoir souci tout d'abord de la patrie des âmes, éviter le péché, nous repentir du passé et améliorer l'avenir par un présent plus saint. C'est alors, que nous serons assurés du secours céleste dont je vous parle parce que nous en serons dignes.

Maintenant ! ô Epvre, laissez-moi me tourner vers votre vénérable Chef, et lui parler au nom de cette chrétienne assistance. Ah ! dans leur foi, il leur semble que vous revivez, ils voient votre doux et paternel regard les considérer avec complaisance, votre front rayonner d'un éclat nouveau, vos oreilles tressaillir en entendant leurs chants et leurs prières, qu'ils voient aussi, dans leur foi, vos lèvres vénérables s'ouvrir pour leur parler, qu'ils entendent votre voix résonner de nouveau pour les consoler, les fortifier et les bénir. Ainsi comprennent-ils que vous êtes leur défenseur, leur rempart, après avoir été leur apôtre ; ainsi puissent-ils voir votre continuelle et persévérante protection leur prouver que vous ne voulez pas seulement que votre œuvre persévère dans le temps, en sauvant leurs corps, mais que vous la voulez faire durer, par le salut de leurs âmes, jusqu'à l'éternité. — Ainsi soit-il.

BIBLIOTHEQUE NATIONALE DE FRANCE
3 7502 01000482 0

www.ingramcontent.com/pod-product-compliance
Lightning Source LLC
LaVergne TN
LVHW010252230826
846091LV00007B/2921

* 9 7 8 2 0 1 2 4 7 9 4 0 1 *